SUR LE BUDGET

DE 1818.

PAR M. LE Vte DE SAINT-CHAMANS,

MAÎTRE DES REQUÊTES AU CONSEIL-D'ÉTAT.

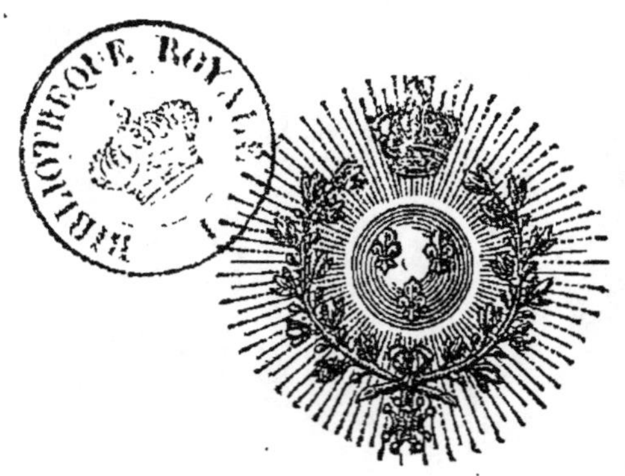

PARIS.

LE NORMANT, IMPRIMEUR-LIBRAIRE,

1817.

IMPRIMERIE DE LE NORMANT, RUE DE SEINE.

SUR LE BUDGET

DE 1818.

Mon intention n'est pas de faire ici la critique de tous les budgets passés et présents, pour leur substituer un budget de ma façon; je n'ai point assez de lumières pour une entreprise aussi difficile, et j'ai assez d'amour-propre pour ne pas m'exposer à un travail au-dessus de mes forces. Mon projet n'est pas non plus de faire la récapitulation de toutes les théories financières écloses jusqu'à ce jour, afin de prouver que je les ai lues. Je laisserai les théories, qui, là comme ailleurs, vous trompent cent fois, pour une seule fois que l'expérience vient les confirmer. Je ne combattrai le système établi qu'en un seul point, mais ce point capital me paraît attaquer la richesse nationale dans son principe, faire succéder le mal au mal dans une proportion géométrique, et anéantir les biens qui croîtraient dans la même proportion : je veux parler de l'excès de l'impôt foncier.

L'impôt foncier a de grands avantages, et sans adopter les folles visions des économistes qui en faisaient la base de leur impôt unique, les gouvernements se défendent rarement de l'attrait et de la facilité de l'augmenter. Il coûte moins de frais de perception que les impôts indirects ; il offre des rentrées plus fixes, plus faciles et plus certaines. Ces avantages sont grands et incontestables ; mais une considération qui devrait paraître bien plus forte, c'est qu'il est le plus injuste de tous les impôts ; c'est celui qui est le plus inégalement réparti en proportion des fortunes. Il est connu qu'à raison des frais d'exploitation, les terres ne rendent pas un intérêt considérable du capital qu'elles représentent. L'entretien et les réparations absorbent encore une partie de cet intérêt. Si l'impôt est cher, il reste peu, et souvent rien, au propriétaire. Il paraît déjà injuste de faire payer le plus d'impôts à celui qui tire le plus faible intérêt de son argent ; et toutes ces considérations

seraient encore vraies, quand tous les propriétaires auraient la pleine et entière posses-
sion de leurs terres. Que sera-ce s'il est certain
que plus de la moitié des terres de France
sont grevées de dettes et chargées d'hypo-
thèques? Peut-être faudrait-il dire les trois
quarts. Dans presque tous les partages, ceux
qui ont les terres redoivent à leurs copartia-
geants des sommes dont ils leur payent l'intérêt à 5 pour 100. Entre deux frères qui
héritent d'une terre de 200,000 fr., celui à
qui reste la terre paie à l'autre 5,000 fr. sur 6
ou 7 qu'il retire avec peine, et c'est lui seul
qui paie tout l'impôt. Le propriétaire, toujours gêné, est forcé d'emprunter dans tous
les cas extraordinaires; pour payer des droits
de succession, pour rebâtir une ferme, rétablir un moulin ou une chaussée; racheter un
troupeau enlevé par une maladie épidémique:
bien heureux s'il peut servir les intérêts de
cet emprunt sans les ajouter au capital par un
nouvel emprunt, et sans accroître chaque
année les charges de sa terre ! et cependant
il paie la même somme à l'Etat que celui qui
joindrait à une terre de la même valeur
100,000 liv. de rente en argent placé. Entre

cent personnes qui auront chacune une terre de 200,000 fr., il ne s'en trouvera pas deux qui aient la même fortune : les uns jouiront d'autres biens plus ou moins considérables, les autres devront un quart, moitié, les trois quarts du revenu de leur terre ; ceux-ci même la valeur de la totalité, et bien au-delà : tous payent la même somme d'impôts. J'en ai assez dit pour bien établir qu'il n'existe pas un mode plus injuste et plus inégal de subvenir aux besoins de l'État. Notez encore que les propriétaires fonciers, après avoir payé la plus grande partie des impôts directs, entrent encore dans lés autres pour une des plus fortes portions, puisque les droits d'enregistrement, qui sont si considérables, pèsent principalement sur eux.

Si la gêne du propriétaire et l'injustice de la répartition étaient le seul inconvénient de l'impôt foncier, l'on pourrait encore s'y résigner, car l'humanité est sujette à beaucoup de gênes de toute espèce, et l'état social entraîne souvent des injustices nécessaires, quoique ce soit bien pis dans l'état sauvage. Mais l'impôt foncier attaque tout le corps de l'État, quand il dépasse les bornes con-

venables. Il détruit la richesse nationale dans
sa source ; et dans la circonstance particu-
lière où nous nous trouvons, il nuit double-
ment, et par le mal qu'il fait, et par le bien
qu'il empêche. Je n'irai point réveiller les
discussions des économistes de tous les pays
sur la véritable définition de la richesse publique. Smith et un grand nombre d'économistes établissent que la richesse publique
se compose de la somme totale des revenus
de tous les particuliers. Le comte de Lau-
derdale a fort ingénieusement prouvé (1)
qu'au contraire la richesse privée augmen-
tait presque toujours en raison de la diminution de la richesse publique. Quoi qu'il en
soit, on ne peut nier qu'accroître les pro-

____

(1) C'est l'abondance des objets qui fait la richesse publique ;
c'est leur rareté qui fait la richesse privée. Que l'eau devienne
rare au point qu'il faille l'acheter partout, la richesse publique
en sera diminuée, puisqu'il y aura disette d'un point de première nécessité ; mais la richesse privée en sera beaucoup
augmentée, puisque tout propriétaire d'une source en tire-
rait un revenu considérable. Ainsi la somme des fortunes privées monterait beaucoup plus haut, quoiqu'il y eût diminution dans la richesse publique. De même, les années
très-abondantes en blé ou en vin augmentent les richesses
publiques ; les mauvaises années augmentent la somme des
fortunes privées.

ductions de la terre, ne soit accroître la richesse d'un pays ; que diminuer ces productions, ne soit diminuer la richesse publique : et c'est là précisément l'effet qui suit immanquablement l'impôt foncier porté au taux où il est monté depuis plusieurs années. L'expérience a toujours démontré que le propriétaire aisé, que le fermier riche, tiraient bien plus de revenus, et par conséquent plus de produits d'une ferme, que ceux qui n'avaient point de capitaux à avancer à la terre. On connaît l'énorme différence des résultats dans les pays de grande ou de petite culture (pour me servir de l'expression consacrée). Ainsi, en général, ce que l'impôt ôte au propriétaire d'une terre, tend à diminuer les productions du sol. Cependant, si cet impôt est léger, le propriétaire peut du moins fournir à la culture tout ce qu'elle réclame impérieusement. Mais si cet impôt est exorbitant, s'il l'est déjà depuis six ou sept années ; si, de plus, des réquisitions, des invasions, des pillages ont dévoré et ruiné les terres dans la moitié du pays, on sent que le propriétaire ne peut plus faire à la culture les avances nécessaires ; que ses moyens diminuant chaque année, les produits diminuent progressivement; que les produits diminuant, les moyens sont encore plus faibles les années suivantes, et que ce cercle vicieux doit bientôt le conduire à l'impossibilité de suffire aux frais de culture; ce qui consommera sa ruine, et privera pour long-temps l'Etat de la possibilité de tirer même un impôt modéré d'une terre usée et appauvrie. Un des grands moyens d'amélioration pour les terres, c'est de les marner. Quel est aujourd'hui le propriétaire en état de faire cette opération coûteuse? Au défaut de la marne, de puissants engrais sont du moins nécessaires pour entretenir leur fécondité. Mais lorsque la grande consommation des armées nationales ou étrangères qui ont vécu en France, lorsque l'épizootie bien plus destructive encore ont fait disparaître tant de bêtes à cornes, lorsque l'humidité de l'année 1816 a fait périr tant de moutons, lorsque la terre sans engrais commence déjà à donner moins de produits, sera-t-il possible au propriétaire écrasé par l'impôt de faire les achats de bestiaux, indispensables pour reporter sa terre à sa fertilité naturelle? Dans ces circonstances trop réelles et sans exagération pour la moitié de la France au moins, il eût été à désirer qu'il fût possible de supprimer l'impôt foncier en entier durant quelques années. Mais, sans s'arrêter à des chimères, il me paraît de la plus grande importance, non seulement pour les propriétaires, mais pour tous les Français qui ont le même intérêt, comme consommateurs, à l'abondance des productions, que l'impôt foncier soit réduit à ce qu'il était en principal; ce qui est déjà bien suffisant pour la plupart des départemens, et trop pesant pour quelques-uns.

Je crois avoir prouvé qu'à raison des événements et de la position des propriétaires depuis six ou sept ans, la réduction de la taxe sur les terres n'avait jamais été si nécessaire que dans ce moment; j'ajouterai que quand même aucune de ces circonstances n'existerait, l'excès de l'impôt foncier serait bien plus fâcheux aujourd'hui qu'il ne l'eût été il y a cinquante ans, et que cette époque-ci est précisément celle où cet excès est le plus fatal à la prospérité de la France.

Il y a pour l'industrie humaine, depuis les travaux manuels de l'agriculture jusqu'aux plus sublimes travaux de l'esprit, des époques de stagnation complète et des époques de progrès rapides. Ce temps d'amélioration est arrivé pour l'agriculture. Depuis vingt ans, on a commencé à sentir l'absurdité de l'assolement le plus général qui faisait revenir tous les trois ans le blé, l'avoine et la jachère. Le signal est parti de Paris, et l'on a vu disparaître la jachère d'abord autour de la ville, puis dans un rayon de quelques lieues. Ce rayon s'est étendu progressivement et comprend à présent quinze à vingt lieues autour de la capitale. Dans différentes provinces, quelques propriétaires, qui faisaient valoir leurs terres, ont hasardé des essais, et leur exemple a amené d'autres essais dans leur voisinage. Mais ces progrès sont bien lents, bien insensibles, et la moitié de la France est encore attachée à l'ancienne routine. Il est peu de cultivateurs pourtant qui n'aient essayé quelques prairies artificielles, et c'est un premier pas fait vers le changement de système. L'agriculture est donc dans cet instant de crise favorable qui l'entraîne vers un perfectionnement propre à doubler les ressources de la France. Mais pour adopter ce nouveau genre de culture, quelques avances sont nécessaires. On cultive chaque année plus de terres, on a plus de récoltes à faire, ce qui augmente les frais d'exploitation ; des cultures nouvelles exigent des achats de graines. Pour recueillir tous les profits de ce système, il faut avoir de plus nombreux troupeaux ; car on récolte une grande quantité de fourrage, on nourrit plus de bestiaux, on possède plus d'engrais, et la terre plus fertile donne bientôt des produits plus abondants : c'est là précisément le contraire du cercle vicieux dont nous parlions tout à l'heure. Mais, loin qu'on voie les troupeaux s'accroître, la force des événements en a au contraire diminué le nombre, et le poids de l'impôt, depuis tant d'années, ravit au propriétaire les moyens d'en racheter. Si le gouvernement ne s'efforce pas de laisser entre ses mains une partie des fonds qu'il lui enlevait, il arrêtera cet essor de l'agriculture, qui peut porter la France en peu d'années à l'état le plus florissant, et lui fournir de quoi nourrir au moins le double de sa population. La facilité du recouvrement de l'impôt foncier pourrait porter à croire qu'il entre de

l'exagération dans ces plaintes, et qu'il y a de l'affectation dans cette habitude de tant s'apitoyer sur la situation des propriétaires. Le sentiment profond des charges de leur pays et des besoins du trésor, le zèle et l'amour pour le meilleur des Rois, un système de recouvrement bien organisé et pressant, ont amené cette exactitude dans les paiemens. « La ponctualité des recouvremens, » dit le ministre des finances, « est due principale-
» ment à l'énergie d'un système de percep-
» tion qui lie tellement l'intérêt personnel
» des receveurs à la libération du contri-
» buable, que celui-ci ne peut, sans se créer
» une nouvelle charge, échapper au paie-
» ment de sa dette. » Mais pour parler plus spécialement de l'est de la France que j'ai été plus à portée d'examiner, si l'on songe à tout ce qui a pesé sur la Franche-Comté, l'Alsace, la Bourgogne, la Lorraine et la Champagne, on ne s'étonnera pas qu'un grand nombre de propriétaires (comme je puis l'affirmer) aient été obligés de chercher des ressources sur d'autres biens, ou d'entamer leur fonds pour envoyer dans leurs terres de quoi payer l'impôt.

Ce n'est pas, au reste, dans les temps de misère seulement qu'il a paru utile d'alléger l'impôt foncier. L'Angleterre, bien persuadée qu'ôter au cultivateur ses fonds, c'est lui ôter une semence qui aurait produit une récolte peut-être décuple, a toujours beaucoup ménagé les terres dans la distribution des taxes. Avant 1692, l'impôt foncier n'y avait jamais été établi d'une manière permanente; il commença à l'être à cette époque, et d'après une évaluation beaucoup trop faible du produit des terres, on les taxa à un schelling par livre sterling, c'est-à dire au vingtième du revenu. L'évaluation faite à cette époque n'a éprouvé aucun changement, et la taxe a été imposée toutes les années, jusqu'en 1798, quelquefois à un schelling, quelquefois à deux, à trois schellings par livre, mais le plus souvent à quatre, taux qu'elle n'a jamais excédé. On voit que le maximum de cette taxe fut le cinquième du revenu, mais du revenu calculé d'après une estimation, basée sur le taux de l'argent et le prix des denrées de 1692, et qui à cette époque même étoit au-dessous de la valeur réelle. Il est aisé de présumer que cette charge était fort légère, et cependant elle a été regardée pendant long-temps comme une charge pesante, et a trouvé une grande résistance dans l'intérêt territorial. Robert Walpole fit si bien sentir, en 1733, la nécessité de réduire la taxe sur les terres à un schelling par livre sterling, ou au vingtième, qu'il fit aliéner dans ce but le fonds d'amortissement qui existait alors. Enfin, en 1798, la taxe sur les terres fut rendue perpétuelle à quatre schellings par livre. On autorisa les propriétaires à racheter leurs taxes, de façon qu'aujourd'hui plus du tiers des terres se trouve exempt de l'impôt foncier. Remarquons que c'est dans le pays du monde qui avait le plus besoin d'impôts, et que sa situation a mis dans la nécessité de se créer les plus grands revenus et d'établir les plus fortes taxes, que les terres ont été le plus ménagées. Aussi est-ce à cette précaution qu'on peut attribuer principalement l'état florissant de l'agriculture anglaise et le perfectionnement de toutes les races d'animaux utiles à la culture. C'est peut-être là la première source de la richesse et de la prospérité de l'Angleterre, car le commerce et les manufactures ne font de progrès que lorsque l'aisance, généralement répandue, leur fournit des acheteurs. Par la même raison la misère générale explique suffisamment leur langueur actuelle dans toute l'Europe.

Je joindrai, à l'exemple de l'Angleterre, celui des Etats-Unis, qui, voulant faire fleurir leur agriculture, se sont bien gardés de mettre aucune taxe sur les terres.

L'on convient, me dira-t-on, que l'impôt foncier est fondé sur une égalité apparente qui produit une grande inégalité réelle ; que porté à un certain point, il entrave la culture et nuit à toute espèce d'amélioration ; mais quel est le remède ? Il faut que l'Etat trouve de l'argent ; il le prend où il est, et surtout où il peut l'atteindre. Si vous lui enlevez une partie de ses ressources, faites-les lui donc trouver ailleurs. Seriez-vous aussi de ceux qui proposent de parer à toute espèce de déficit par des économies ?

Non, je ne parlerai point de nouvelles économies ; je crois qu'on a fait à peu près toutes celles qui sont possibles, et ce mérite de crier à l'économie est trop facile à se donner et trop commun pour que j'y pré-tende. Pour peu qu'on touche aux matières de gouvernement, on s'aperçoit bien vite que les choses qui, à la première vue, paraissent décidées en principe, ne sont pas toujours si évidentes en réalité ; que les plus belles théories se trouvent souvent en défaut, lorsqu'on en vient à l'application. Ainsi, supprimer toutes les places qui ne sont pas entièrement nécessaires, réduire autant que possible les traitemens attachés à celles qui sont nécessaires, voilà le système d'économie qui se présente naturellement et avec avantage ; voilà les talens en finance de beaucoup de personnes. Quelles grandes et immenses questions cependant se rattachent à ces plans d'économie ! Dans un gouvernement représentatif ils peuvent entraîner l'Etat dans les révolutions, les convulsions et les désastres, et souvent pour quel résultat ? Pour une somme qui se laisse à peine apercevoir comme diminution de dépense.

Je prévois que l'examen de cette question va m'entraîner dans une longue digression ; mais je ne me la refuserai pas, parce que je la crois utile. L'on ne songe qu'à des économies, et l'on va, sans s'en douter, saper le pouvoir royal. On a parlé de diminuer le nombre des préfectures ; mais les préfets

ayant moins de rapports avec leurs adminis-
trés, auront moins de crédit sur eux. On a
parlé de réduire les traitemens des préfets;
mais alors ces préfets, sans représentation,
et par suite sans considération, n'auront
plus aucune influence dans leurs départemens.
Le gouvernement n'aura plus de moyens de
diriger les élections dans le sens où il veut
marcher, de préparer l'opinion publique aux
mesures qu'il médite. Si l'on supprime à
Paris les grandes places dont on peut révo-
quer en doute la nécessité, l'on ôte au Roi
la facilité d'attirer à lui des hommes de talent
dans les deux Chambres. Ainsi, après l'avoir
privé des moyens d'influer sur la nomination
des Députés, on lui ravit encore les moyens
de se concilier l'appui des Députés les plus
influens. Croyez-vous que, dans cette position, il soit facile, il soit même possible à un
Roi de gouverner? Pourquoi pas? dira-t-on
encore. « Il choisira de bons ministres; ils ne
proposeront que des choses justes et raisonnables, et le gouvernement ira facilement. »
Oui, sans doute, cela devrait être ainsi, et
c'est encore une de ces belles théories qui ne
résistent pas à l'expérience ; car il n'est pas

douteux que si, dans une Chambre, un ministère n'a pas un parti engagé avec lui par
ses liaisons et ses intérêts, l'opposition l'em-
portera toujours, et le renversera. Cette conséquence dérive nécessairement de la nature
des hommes et des choses. Prenez un si petit
nombre d'hommes que vous voudrez; deman-
dez-leur un avis sur une matière; même sur
celle qu'ils connaîtront le moins, la disposition naturelle les portera toujours à con-
trarier le projet que vous leur présentez, et
à y changer quelque chose, afin d'y mettre
un peu du leur. Cet esprit frondeur, cette
envie d'être faiseur (si l'on veut bien me
passer cette expression), tient à l'humanité,
et plus particulièrement encore au caractère
français. Qu'au milieu d'une assemblée
d'hommes dans cette disposition, paraissent
quelques ambitieux instruits dans les affaires,
ou doués du talent de la parole, qu'ils se
mettent à leur tête et se fassent chefs de l'opposition, voyez s'ils n'entraîneront pas aisément la majorité. Or, avec ce système
d'économie qui supprime toutes les places,
les hommes à talens, qui sont souvent ambitieux, seront toujours dans l'opposition : car

le ministère étant occupé, le Roi n'ayant plus
à leur offrir de places élevées. capables de
les satisfaire, ils ne verront de chances de
fortune, de chances de gloire que dans l'opposition. Ajoutez à cela que dans les assemblées
publiques (comme ailleurs, car il est plus aisé
de détruire que d'édifier) le beau rôle, et en
même tems le plus facile, est celui de l'attaque;
que les armes offensives sont toujours prêtes,
toujours redoutables et à la portée de tout le
monde, tandis que les armes défensives sont
rarement bonnes et toujours difficiles à ma-
nier; qu'en outre le combat se livre précisément sur le côté faible de la place, parce
que l'assaillant choisit son point d'attaque.
Quand on réfléchit, de plus, que le ministère étant composé d'hommes, fera des fautes
qui donneront beau jeu à ses adversaires;
qu'on le rendra responsable du mauvais succès des plans les mieux combinés, peut-être
même de l'intempérie des saisons et de tous
les maux qui en seront la suite, concevra-
t-on qu'un ministère puisse jamais résister à
cette réunion de tous les genres d'obstacles?
Il succombera; il sera remplacé par les chefs
de parti opposé; hommes maladroits et im-

prévoyans ; qui, exposés à leur tour aux mêmes dangers, et dépourvus aussi de ces moyens de défense qu'ils se seront d'avance ôtés à eux-mêmes en en dépouillant leurs adversaires, livreront les mêmes combats avec les mêmes désavantages et avec le même résultat ; qui, embarqués au sein d'une mer orageuse, sur un vaisseau qu'ils auront eux-mêmes démâté pendant qu'il était monté par leurs rivaux, ne peuvent manquer de faire naufrage à leur tour. Bien des gens se consoleront de ces vicissitudes, et se figureront que c'est un spectacle assez divertissant que de voir ces ministères se culbuter les uns sur les autres ; mais ceux qui réfléchissent prévoiront facilement que si le Roi, se résignant au rôle d'automate couronné, sans affections ni opinions, simple spectateur du combat, se contente de juger des coups et se prête docilement à ces changemens continuels, l'Etat sera sans système fixe, sans force, sans considération. Mais, au contraire, si le Roi, fatigué de cette lutte interminable, contrarié dans ses opinions, blessé dans ses affections, humilié dans son amour-propre, se voyant laissé sans défense au sein des

Chambres contre une opposition nécessairement subsistante et active; si le Roi, sentant
enfin l'impossibilité de gouverner ainsi, se
souvient imprudemment qu'il est le général
d'une armée toujours prête et qui ne connaît
que lui, l'on verra alors si j'ai employé des
termes trop forts, lorsque j'ai parlé de révolutions et de convulsions. Vous, qu'on
nomme libéraux (1), dont les efforts tendent
visiblement à sacrifier le pouvoir royal au

---

(1) J'entends par ce mot *libéraux* un parti qui a lui-même
adopté ce nom, et qu'on désigne ainsi dans plusieurs contrées
de l'Europe : ces fauteurs de théories républicaines, déma-
gogiques et populacières; ces gens, qui ne voient dans la
liberté que l'opposition à tout gouvernement; dans l'égalité,
que la faculté donnée à tous d'être également bas, et le pri-
vilége de tout faire descendre au même niveau; dans la phi-
losophie, que le droit de ne reconnaître ni principes, ni
religion, et souvent ni âme, ni Dieu. Je hais les doctrines de
tous ces libéraux, de tous ces amis de la démocratie, qui
me paraissent aussi dangereux qu'en 1789, parce qu'ils me
paraissent tout aussi disposés à sacrifier les générations à
leurs prétendus principes : ce qui n'empêche pas que je ne
fasse grand cas des idées libérales; mais je trouve que la
Charte donne très-suffisamment tout ce qu'elles peuvent
exiger de garantie, et ma règle de conduite sera toujours
que la Charte servant de sauve-garde à la vie, aux libertés
et aux biens des citoyens, il faut fortifier le pouvoir royal
de tout ce que la Charte ne défend pas de lui donner.

pouvoir populaire, à nous donner pour véritable souverain une assemblée représentative, avec un magistrat subalterne nommé Roi ou président (peu importe), creusez donc auparavant une mer profonde autour de toutes nos frontières, ou peuplez les pays voisins de hordes sauvages clair-semées : alors, vous pourrez vous passer d'armées permanentes; alors, vous ferez ce que vous voudrez du chef d'un tel gouvernement. Mais dans la situation actuelle de la France, il faut donner à la couronne toutes les prérogatives dont elle a besoin, toutes les armes qui sont nécessaires à sa défense, enfin, tous les moyens d'influence sans lesquels il lui est impossible de gouverner; car c'est cette impossibilité qu'il faut bien se garder de faire naître.

Et vous, qui vous tenez à l'autre extrémité de la ligne politique, comment se fait-il que sans le vouloir, sans le savoir, vous nous fassiez suivre la même direction ? Du moins, les libéraux sont conséquens (s'ils ne sont pas prévoyans); ils partent des mêmes principes qui les ont jadis guidés, suivent constamment la même ligne, tendent toujours au même but, et s'ils ne voient pas qu'en atteignant ce but, ils compromettraient tout ce qu'ils ont déjà gagné, pour avoir voulu davantage, c'est la faute de leurs yeux qui ne peuvent percer assez loin dans l'avenir. Mais vous, dont le but avoué comme le but secret, dont le dessein hautement proclamé est de raffermir l'autorité royale, comment ne faites-vous pas un pas qui ne tende à l'affaiblir? Ces assemblées provinciales que vous avez tant prônées, ces suppressions de places, ces réductions de traitement, ces ridicules sorties contre Paris, ces déclamations libérales, qui étonnaient tant les bouches dont elles sortaient, sont autant d'obstacles à l'exercice du pouvoir royal (1). Qui peut expliquer cette différence incroyable entre le but et les moyens, entre des principes avoués et une conduite opposée? Ce qui

____

(1) Je citerai encore, pour exemple, le projet de loi sur les élections. Un article de cette loi donnait au président, le choix des scrutateurs. Un écrivain fort spirituel en a tiré cette conclusion : le Roi nomme les députés. Je sens ce que ce résultat pouvait offrir de choquant aux libéraux; mais l'objection devait-elle venir du côté d'où elle est partie? On sent que c'est une plaisanterie de dire que le choix des scrutateurs eût donné celui des députés;

explique bien d'autres inconséquences, ce qui coupe bien d'autres nœuds gordiens dans ce monde : les passions humaines. Il faut qu'elle soit bien grande la puissance de ces passions, pour que de si bons royalistes s'opposent à l'influence du pouvoir royal, pour que des hommes si vertueux votent pour ce qu'ils ont condamné toute leur vie, pour que des esprits si éclairés s'aveuglent tellement sur leur propre et véritable intérêt. Jetés, on ne sait pourquoi, dans l'opposition contre le ministère actuel, ils ont vu qu'ils ne pouvaient pas fortifier l'autorité royale sans fortifier le ministère, et alors ils ont affaibli l'autorité royale pour affaiblir le ministère. Mais, en

---

mais cela aurait donné plus d'influence au Roi, sur la nomination, et par conséquent tout ce qui prétend avoir le but d'ajouter à l'autorité royale, devait voter pour cet article ; et quand il serait même vrai que cet article eût donné au Roi le choix des députés, auraient-ils dû tant se gendarmer contre cette idée, ceux qui pensent comme moi, que tout ce qui existait sous l'ancien régime n'était pas absurde et déplorable, que des notables désignés par le Roi défendaient fort bien les libertés des citoyens, que des magistrats nommés par le Roi savaient fort bien (et trop bien peut-être) résister aux volontés du monarque. Je ne propose pas qu'on en revienne là ; j'ai seulement voulu prouver que là, comme ailleurs, ce parti n'était pas à sa place.

cédant à cette satisfaction de la minute, ce qu'ils ôtaient au ministère du moment, ils l'ôtaient à tous les ministères futurs, à l'autorité royale de tous les temps, ils l'ôtaient avant tout à leur propre ministère, s'ils réussissent un jour dans leurs attaques, et que des ministres pris dans leur sein remplacent ceux qu'ils veulent renverser.

Je suppose qu'unis aux libéraux, ils parviennent à leurs fins, c'est-à-dire à ôter aux ministres tout moyen de diriger l'opinion publique, tout moyen d'influencer sur le choix des députés dans les départemens, toute influence sur les Chambres dans la capitale ; je suppose que leur victoire soit complète, comment feront-ils à leur tour pour gouverner dans le sens qui leur paraîtra le meilleur ? S'ils ne peuvent diriger ni l'opinion, ni les choix, ni les délibérations, comment changeront-ils la direction et arrêteront-ils l'élan donné par leurs prédécesseurs ? Que le Roi ou ses successeurs changent un jour de vues et de ministres, quels moyens auront-ils de faire triompher leur opinion présente ? Ah ! qu'il aurait rendu un immense service à ce parti, celui qui, se mettant au-dessus des petites passions du moment, leur aurait conseillé une marche toute contraire ; qui leur aurait dit : Réunissez-vous au ministère dans tous les projets qui donnent des armes à l'autorité royale ; appuyez toutes les mesures qui donnent de l'influence au ministère ; d'abord cela paraîtra plus noble, car lorsqu'on vous verra appuyer un ministère rival sur les points qui sont dans vos principes, on conclura que la passion n'est pour rien dans votre conduite ; cela paraîtra plus honorable, car vous serez conséquents, et il ne vous arrivera jamais de voter contre les principes que vous avez toujours professés ; enfin, cela sera plus politique, car une fois que vous aurez donné de la force au ministère, vous vous préparez du moins les moyens de profiter de la victoire, si quelque jour vous la remportez. Quoi ! vous combattez pour le portefeuille ministériel, et au lieu d'orner et de décorer à l'envi, de couvrir de joyaux le prix du combat, vous cherchez à en diminuer la valeur, à l'avilir au point qu'il ne vaille plus la peine d'être disputé, ou que votre triomphe soit sans fruit.

Ce discours eût été d'un homme sage et prévoyant ; mais c'est surtout l'intérêt personnel qu'il aurait ici mis en jeu. Je m'adresserai à un intérêt plus grand, plus digne de décider les nobles adversaires que je combats : c'est l'intérêt des Rois présens et futurs. S'ils influent sur les Chambres, leur tâche sera toujours facile et la France heureuse. S'ils sont sans influence, leur trône est compromis, les libertés du peuple sont compromises, et de quelque côté que penche la balance, la France est livrée aux plus grands désastres. Or, cette influence nécessaire, le Roi ne peut l'obtenir qu'en dirigeant les élections dans les départemens par le moyen de ses agens, qu'en dirigeant à Paris les opinions des députés les plus influens par le moyen des places qui leur donnent un intérêt dans les opérations du gouvernement. Et qu'on ne dise pas que si on assure aux Rois cette influence dans les Chambres, on nous mènera au despotisme, et que l'Etat se ressentirait de tous les défauts qu'ils tiendraient de l'humanité ; que prodigues, ou avares, ou conquérans, ou faibles, ou cruels, ils rendraient la France solidaire et victime des défauts du monarque. Cela n'est point à craindre ; c'est une pure plaisanterie de regarder l'influence comme un pouvoir direct. Pour user de cette influence sur les nominations, il ne faut offrir au choix des électeurs que des hommes recommandables : pour user de cette influence sur les Chambres, il ne faut leur faire que des propositions raisonnables et admissibles : ainsi, des Chambres même sous l'influence du gouvernement, s'opposeraient à ce qui blesserait les lois, les droits des citoyens ou le bien du pays.

J'ai cru devoir m'étendre sur cette discussion, parce que je crois utile de revenir souvent sur ce point, et de montrer à beaucoup d'honnêtes gens qu'ils ne vont pas où ils croient aller, et qu'avec le bandeau de la passion sur les yeux, ils ressemblent à ces personnes qu'on voit à Versailles, dans les jeux du tapis vert, marcher les yeux bandés d'un pas ferme et rapide, en tournant le dos au but qu'ils ont le projet d'atteindre. Je conçois qu'ils blâment le ministère, s'ils n'approuvent pas sa direction ; mais qu'ils ne poussent jamais les marques de leur mécontentement jusqu'à concourir aux propositions qui entravent la marche du gouvernement; et qu'ils se souviennent toujours qu'ils ne peuvent rien ôter aux ministres actuels sans l'ôter à leurs remplaçans ; qu'ils ne peuvent rien ôter au Roi actuel sans l'ôter à ses successeurs.

Cette digression, au reste, ne paraîtra pas si étrangère au sujet que je traite, puisqu'elle était destinée à prouver qu'il est dangereux, dans une monarchie représentative, de forcer le système des économies. Il est de l'essence du gouvernement représentatif de laisser au Roi la disposition de places nombreuses et considérables, et par conséquent d'être peu économe. Cela est tellement vrai, que le pays du monde où l'emploi des fonds publics est le plus strictement surveillé, a vu naître des sinécures, de nombreux sous-secrétaires d'Etat, etc. etc. Si l'Angleterre les a long-temps tolérés et ne vient même de supprimer ces sinécures que pour les voir remplacer par des pensions, il faut que cet abus apparent soit bien nécessaire à cette constitution. Ainsi, puisque nous jouissons des avantages du gouvernement représentatif, il faut prendre les charges avec les bénéfices. Et

d'ailleurs si ce gouvernement accroît les dépenses, il est le seul aussi qui fournisse
aisément (tant que cela est humainement
possible) tout ce qu'il faut pour subvenir à
ces dépenses.

Mais si vous voulez supprimer une por-
tion de l'impôt foncier, si vous ne voulez
pas remplir le vide par des économies,
comment prétendez-vous y suppléer ? Par
des impôts indirects. L'impôt indirect me
paraît aussi juste que l'impôt foncier est injuste, aussi également réparti que peut l'être
un impôt. On ne le paie qu'en raison de sa
dépense en général basée sur la fortune
réelle, tandis que l'autre est fondé sur une
fortune apparente, presque toujours trom-
peuse. L'étranger, comme le naturel du pays,
paie les taxes indirectes ; le naturel seul paie
la taxe des terres. Mais, dira-t-on, si l'impôt
foncier tue l'industrie territoriale, l'impôt
indirect tue l'industrie commerciale et manufacturière. La parité n'est pas exacte ; c'est
le propriétaire lui-même qui, payant la taxe
des terres, est obligé de retrancher sur ce
qu'il donnait à la culture ; au lieu que le

consommateur payant l'impôt indirect, le fabricant ne se voit pas obligé de diminuer les capitaux qu'il destinait à sa fabrication. Mais, dira-t-on encore, ses produits devenant plus chers, il en vendra moins, et il faudra également diminuer cette fabrication; la fabrication et la vente étant diminuées, l'impôt, quoique plus cher, produira moins. Je sais fort bien qu'en fait d'impôts indirects, deux et deux ne font pas quatre : mais avec un système de taxes bien combiné, on parera à cet inconvénient ; et puis il vaudrait mieux soumettre aux taxes des objets nouveaux que d'augmenter les taxes existantes. De plus, les propriétaires ayant bientôt plus d'aisance et par la diminution des sommes à payer et par l'accroissement des produits, consommeront davantage, paieront l'impôt d'une autre manière, et feront prospérer les manufactures.

Ce ne serait peut-être pas l'opinion des manufacturiers et des commerçans, qui croient avoir remporté une victoire toutes les fois qu'ils peuvent faire rejeter sur les terres la taxe dont on aurait chargé leurs produits. Je crois qu'ils se trompent sur leurs véritables intérêts. Il y aura bien quelques personnes qui mettront plus d'économie sur des objets qu'il faudra payer plus cher ; mais quelle immense compensation à ce déchet que l'aisance générale produite par l'aisance des propriétaires ! Les propriétaires, plus riches, emploient plus d'ouvriers ; l'aisance se transmet, de proche en proche, et les deux classes des propriétaires et de ceux qu'ils emploient, formant au moins les trois quarts de la population, ils consommeront, lorsqu'ils en auront les moyens, une énorme quantité de produits du commerce et des manufactures, et par là la prospérité des propriétaires amène nécessairement celle de toutes les autres classes de citoyens.

Je crois donc l'impôt indirect le moins onéreux aux particuliers, comme le plus profitable à l'Etat ; et sans proposer de substituer entièrement l'impôt indirect à l'impôt foncier, en supprimant totalement ce dernier, je dirai, avec conviction, que plus on se rapprochera de ce résultat, plus on aura travaillé à la prospérité du pays. Je crois donc qu'il est avantageux à l'Etat (je dirais presque nécessaire, et je le prouverai bien

tôt) d'établir de nouveaux impôts indirects ;
cela vaut beaucoup mieux que d'augmenter
le tarif des anciens. Il est très-utile, en temps
de paix, d'avoir un grand nombre d'impôts
indirects à un tarif fort bas : c'est se réserver
une ressource pour les cas de guerre ; car
alors, sans mettre de nouveaux impôts, sans
écraser la propriété, il suffit de hausser les
taxes existantes. Si l'on se trouve entraîné
dans ces énormes dépenses auxquelles des
impôts ne pourraient jamais subvenir, ce
surcroît de tarif offre du moins de quoi payer
l'intérêt des emprunts et de quoi fournir à la
caisse d'amortissement des sommes annuelles
consacrées au remboursement graduel de ces
emprunts ; conditions nécessaires pour que
des emprunts ne soient pas onéreux et ne
conduisent pas l'Etat à sa ruine. M. le ministre
des finances, dans son rapport au Roi sur le
budget de 1817, dit que « les chambres de
» commerce ont été consultées sur la possi-
» bilité d'établir de nouveaux impôts indi-
» rects, ou d'augmenter ceux qui se per-
» çoivent actuellement ; que presque toutes
» se sont réunies à penser que les impôts
» actuels sont élevés au plus haut degré qu'ils

» puissent atteindre, et qu'il serait impossible
» d'en établir de nouveaux sans porter au
» commerce et à l'industrie le coup le plus
» funeste. »

Je pense que les Chambres de commerce
ont eu leurs raisons pour prononcer cette
décision. Je ne les contredirai pas sur l'asser-
tion qu'on ne peut pas augmenter les impôts
actuels, parce que c'est une matière très-
délicate, parce qu'il est certain que chaque
taxe indirecte a sa borne, passé laquelle la
recette diminue au lieu d'augmenter, et je
n'ai point les connaissances nécessaires pour
juger si cette borne a été atteinte ou non.
Mais je trouve qu'une autorité sans réplique
s'élève contre cette autre décision : *qu'il
serait impossible d'établir de nouveaux impôts sans porter au commerce et à l'industrie
le coup le plus funeste.* Jamais peuple n'a
payé plus d'impôts indirects que l'Angleterre : depuis cinquante ans il en existe ou
en a existé sur toutes les espèces de boissons,
sur les verreries et poteries ; les chandelles,
le vinaigre, les voitures de place, l'argen-
terie, la vaisselle, le café, le thé, les gants,
les chapeaux, les brochures, les gazettes,

ſes dés , les domestiques , les batistes , les
legs, le papier, les almanachs, le savon ,
les boutons , les charbons , les peaux ;
les médecines , les pipes à tabac , etc. ,
et cependant depuis cette époque le commerce et l'industrie de l'Angleterre ont fait
d'incroyables progrès. Je crois que cet
exemple est décisif, et qu'il suffit pour
prouver que les impôts indirects ne tuent ni
les manufactures ni le commerce, et bien
moins encore, s'ils sont destinés à dégrever
les propriétaires. D'ailleurs, quant au commerce extérieur, il serait facile de ne pas
nuire à notre concurrence chez les étrangers,
en exemptant de droits tous les objets
de nos manufactures qui seraient exportés.
Je n'ai point ici la prétention de proposer
tels et tels impôts indirects, de faciliter les
moyens de perception, de discuter le plan
de M. l'évêque de Pamiers, pour faire payer
le droit sur chaque objet, au moment seulement où il passe dans les mains du consommateur ; je laisse ce soin à ceux qui se sont
occupés de ces matières, ou à ceux qui en
sont spécialement chargés ; je dirai seulement que beaucoup d'objets, tels que les

chapeaux, les gants de toute espèce, les
bas, les souliers, les rubans, les draps, les
toiles, etc. etc. me paraissent susceptibles
d'un timbre qui ne porterait pas leur valeur
au-delà des bornes raisonnables; je ne sais si
on m'objectera la difficulté de percevoir ces
impôts : mais puisqu'on en perçoit bien davantage en Angleterre, je pense qu'on peut
parvenir à faire en France ce qu'on est parvenu à faire ailleurs. Le grand Frédéric a
fait venir tout exprès de France les commis
qui devaient faire valoir les impôts indirects
de Prusse. Ainsi, il n'y a pas de raison de
croire que nous courrions le risque d'en
manquer.

J'ai dit qu'il était nécessaire de créer de
nouveaux impôts indirects. Je vais essayer
de prouver qu'on ne pourra pas s'en dispen-
ser avant peu d'années.

Il ne peut entrer dans l'esprit de personne
de rendre perpétuelle la contribution foncière élevée au taux où elle est aujourd'hui.
C'est une chose convenue par un consente-
ment tacite, et de plus, confirmée par les
déclarations expresses du gouvernement,
qu'à la fin de nos années de charges extra-

ordinaires l'impôt sera rendu à son état ordinaire et dégrevé de ces 50 centimes (mis originairement comme taxe de guerre), qui en ont rendu le poids insupportable. Le ministre des finances a dit, dans son discours à la Chambre des Députés, en proposant le budget de 1817 : « Nous maintenons la con-
» tribution foncière sur le même pied qu'en
» 1816; nous savons combien elle devait
» être ménagée, surtout après une année
» d'intempérie fatale à tant de contrées.
» Mais d'inflexibles besoins nous comman-
» dent, et le Roi gémit comme vous *d'être*
» *forcé à différer un soulagement* qui ne
» serait pas moins consolant pour son cœur
» que précieux aux propriétaires. Encore
» cet effort, Messieurs ! » On voit que ce soulagement ne doit pas être *différé* long-temps. L'intérêt de l'Etat, d'ailleurs, l'exige aussi impérieusement que l'intérêt particulier, et il doit arriver que si l'on rend des capitaux à l'agriculture, elle prospérera au bout de quelques années, au point que la taxe existante pourra être remise un jour, sans être une charge trop considérable sur des terres doublées de valeur; au lieu qu'en

suivant le système actuel, les terres détério-
rées et appauvries seront dans l'impossibilité
physique de fournir au paiement. L'impôt
foncier devant donc être diminué au plus
tard à la fin de nos charges extraordinaires,
il ne reste plus à examiner que la question
de savoir si les impôts subsistant alors après
cette diminution pourraient suffire aux dépenses ordinaires. C'est cette question qu'il
faut aborder franchement : ne faisons pas
comme les enfans qui, lorsqu'on leur présente dans l'avenir une invincible nécessité
qui les contrarie, s'étourdissent sur cet objet,
et disent : *Il arrivera quelque chose*, quoiqu'il soit clair qu'il ne peut rien arriver ; il
est aussi inutile que faible de se leurrer soi-
même, et il n'appartient qu'à l'autruche de
penser que ne pas voir son ennemi c'est le
faire disparaître, et qu'il suffit, pour s'en
délivrer, de détourner la tête.

Voyons donc ces inflexibles chiffres, et
examinons si en 1821, par exemple, nos
recettes ordinaires pourront couvrir nos
dépenses ordinaires.

Le ministre des finances, établissant notre
position en 1821, dit : « La dette perpétuelle,

» il est vrai, est élevée à 200 millions ; mais
» les emprunts ont cessé, le déficit des quatre
» années précédentes est comblé, des fonds
» plus que suffisans sont assignés aux diffé-
» rens services, *et un excédant considérable*
» *de recette peut étre employé au soulage-*
» *ment des peuples.* »

Ce sont ces propositions que nous allons examiner, en faisant les comptes nous-mêmes. Nous prendrons les bases adoptées dans le budget de 1817.

RECETTES.

Enregistrement, postes et loteries, formant le budget de la dette consolidée et de l'amortisse-ment. 157,000,000

Recettes ordinaires, tant perma-nentes que temporaires. 600,608,667

Total. 757,608,667

Il faut ôter de cette somme les re-cettes temporaires qui n'auront pas lieu en 1821. Elles consistent :

1º. Dans le chapitre VI des recettes (Voyez la loi du 25 mars 1817, état F), consistant en abandon du Roi et des princes, en retenues sur les traitemens et

Report des recettes....... 757,608,667

pensions, en reste à recouvrer sur les bois
et biens des communes... 29,200,000

    2º. En centimes additionnels temporaires sur les
contributions personnelles, portes et fenêtres... 25,209,117

    3º. En coupes de bois
qui sont affectées à l'amortissement, et n'entreront
plus dans le budget en
1821.................. 16,400,000

    4º. Dans ces 50 centimes
sur la contribution foncière, qu'il est impossible
de conserver au-delà de
1821, et très-nuisible de
conserver jusque là..... 85,965,008

156,774,125

Reste pour le total des recettes en
1821.............................. 600,834,542

Le total des dépenses des divers ministères, d'après le même état F du
budget de 1817, se monte à........ 481,344,399

Intérêts de la dette publique en 1821,
suivant la fixation du ministre....... 200,000,000

Dotation de la caisse d'amortissement.............................. 40,000,000

Total................ 721,344,399

Report des dépenses........ 721,344,399

La seule diminution qu'on pût faire sur cet état de dépense pour l'année 1821, serait celle des charges viagères qui s'éteindront. Que la dette viagère, les demi-soldes, et la partie temporaire des pensions de tout genre, soient supposées réduites de moitié en 1821, c'est sans doute beaucoup trop; mais je veux qu'on ne puisse rien objecter à mes calculs. Cette partie qui doit s'éteindre montant à environ 70,000,000, je défalque la moitié................ 35,000,000

Reste pour le total des dépenses en 1821................................. 686,344,399

Avant de faire la balance, j'examinerai quels changemens doit probablement éprouver cette situation en 1821. Ayant déjà défalqué les extinctions, je ne vois en faveur de l'augmentation de recette, que l'état de prospérité où la France peut être à cette époque, qui donnerait plus d'activité au commerce, aux manufactures, aux échanges: ce qui augmenterait le produit de toutes les espèces d'impôts indirects. On examinera si cette chance d'accroissement de recette, dont je partage l'espoir, mais qui n'est cependant qu'une hypothèse, peut compenser l'augmentation certaine des budgets de plusieurs ministères, puisqu'à cette époque il faudra assurer au clergé une dotation plus proportionnée à ses besoins, solder et entretenir notre armée au complet, maintenir notre marine dans une situation respectable, réparer et armer nos places fortes, donner aux chemins et à tous les objets qui concernent les ponts et chaussées les fonds que nous sommes obligés de leur refuser aujourd'hui, achever les monumens publics, payer les portions de l'arriéré remboursables de 1821 à 1826. Que l'on pèse avec réflexion ces différens articles, et l'on se convaincra que nous serons bien heureux si le surcroît de recette peut faire face alors à ce surcroît de dépenses.

Prenant donc pour base l'état actuel des recettes et dépenses, les sommes établies plus haut nous donnent pour la dépense en 1821. 686,3,44399
. . Et pour la recette. 600,834,542
——————————
Déficit. 85,509,857

Comment suppléera-t-on à ce déficit ? *L'on conservera les 85 millions produits par les*

5o *centimes sur la contribution foncière ?*
Mais l'expérience aura d'ici-là démontré que
c'est impossible : c'est manquer à l'espoir
qu'on a donné d'un soulagement nécessaire
après le paiement des charges imposées par
le traité de paix; c'est dire que cette taxe
momentanée sera perpétuelle si, en temps de
paix et débarrassé des charges extraordinaires, on conserve cet impôt onéreux; c'est
ruiner l'agriculture et les propriétaires pour
le présent et pour l'avenir; c'est manquer de
prévoyance et ne pas se laisser de ressource
pour le cas où une guerre surviendrait, puisqu'il n'y aurait plus moyen d'augmenter
encore cet impôt et de mettre une taxe de
guerre. J'en reviens à dire : c'est impossible.

L'on fera un léger emprunt chaque année,
dira une de ces personnes qui croient que,
de quelque manière qu'on s'y prenne, le
système de crédit enfantera des monts d'or,
et qui citent sans cesse l'exemple des emprunts successifs et multipliés de l'Angleterre.
Les emprunts sont bons quand ils sont nécessaires; ils ajoutent même à la prospérité de
l'Etat, quand ils sont employés aux dépenses
du gouvernement dans l'intérieur, parce

qu'ils ajoutent à la masse des capitaux circu-
lans, et que ce sont les capitaux qui ravivent
l'agriculture, l'industrie, le commerce. Une
caisse d'amortissement bien dirigée en détruit le danger pour l'avenir. Mais pour que
cette caisse agisse bien efficacement, il ne
faut pas enchevêtrer sans cesse de nouveaux
emprunts les uns dans les autres : après que
les emprunts ont fourni à la guerre et aux
temps extraordinaires, il faut que la caisse
d'amortissement travaille à les rembourser
sans nouveaux emprunts, quand on est revenu à la paix et aux temps ordinaires. En
faisant succéder à l'action des emprunts la
réaction d'un amortissement doté sur les recettes ordinaires, vos finances ne seront
jamais gênées, vous aurez toujours de quoi
faire face aux momens de crise, et votre crédit, fondé sur cette sage conduite et sur
l'exactitude dans le paiement de toutes les
charges, ira toujours en croissant. Mais si
vous empruntez encore après la crise passée,
vous vous plongez dans une mer sans rives
et sans fond, et la plus grande habileté ne
peut plus prétendre qu'à reculer plus ou
moins le moment du naufrage, ou (pour se

servir du mot propre) de la banqueroute. Je ne prétends pas qu'une caisse d'amortissement, dotée par des emprunts, soit tout-à-fait inutile ; elle met du moins au fond de la caisse ce qui resta au fond de la boîte de Pandore : or, l'espérance entre comme élément dans le système du crédit ; mais elle ne travaillera bien efficacement à l'extinction de notre dette, que lorsqu'elle sera dotée avec un surcroît de la recette ordinaire, toutes les dépenses payées. Quant à l'exemple de l'Angleterre, qui sera dans toutes les bouches, le problème de sa situation financière est bien facile à poser, s'il ne l'est pas à résoudre. Si l'Angleterre peut parvenir à établir assez d'impôts pour que ses dépenses soient couvertes, l'intérêt de sa dette exactement payé, et la caisse d'amortissement dotée sans nouveaux emprunts, sans anticipation ; si, de plus, une paix solide lui permet de suivre quelque temps cette carrière, elle marchera sans embarras, et se déchargera très-facilement et certainement du poids de son énorme dette. Mais si elle continue, comme elle l'a fait depuis la paix, à ne pouvoir suffire à tout qu'à l'aide d'emprunts nouveaux ou d'émission de billets de l'échiquier (ce qui n'est qu'une anticipation et par conséquent un véritable emprunt); si elle ne peut parvenir à égaler , par les impôts ordinaires, ses recettes, à toutes les dépenses citées plus haut, ses finances sont irrévocablement perdues et la banqueroute inévitable ; car il n'y a pas de progression croissante (une fois qu'il ne s'agit plus de vains chiffres, et qu'on l'applique à quelque chose de réel) qui ne finisse par rencontrer sa borne et son terme fatal. Remplissez toujours, la goutte d'eau arrivera tôt ou tard. Aussi était-ce un grand acte de sagesse de la part du ministère anglais d'avoir voulu continuer l'impôt sur le revenu (*income-tax*) , est-ce une faute très-importante du parlement de l'avoir refusé , en supposant pourtant que la nation fût dans la possibilité de supporter cette charge. Peut-être cet impôt était-il le seul qui pût atteindre le but proposé d'égaler la recette aux dépenses sans emprunt; alors il était le seul qui pût sauver l'Angleterre.

Puisque les momens qui succèdent aux grandes crises sont destinés, non à faire des dettes, mais à les rembourser, non à emprunter, mais à payer, ne parlons plus d'emprunts pour 1821 et les années suivantes.

Comment donc effacer le déficit? *Hé bien, nous établirons alors les impôts indirects que vous proposez aujourd'hui.* Je vois bien qu'il n'y aura pas d'autre ressource. Mais croyez-vous qu'il sera possible alors d'établir de nouveaux impôts, au moment juste où la nation entière attend le dégrèvement de ses charges? Croyez-vous qu'il sera très-facile de dire à des gens qui auront soupiré si long-temps après cette époque si désirée, qui croiront toucher à la fin de leurs tribulations, et n'avoir plus qu'à jouir des douceurs qu'ils se promettaient après tant de calamités : *Voilà de nouveaux impôts que vous aurez à payer, et qui vont peser sur vous?* C'est entièrement impossible, et dans cette situation, on ne les obtiendrait d'aucune Chambre. Ce qui sera impossible alors serait très-facile aujourd'hui. On connaît tous les besoins du trésor; on sait qu'il faut des fonds, et l'indispensable nécessité est un argument dont la force est à la portée de tout le monde. D'ailleurs, ces taxes nouvelles, amenées par la force des choses, ne seraient même dans

cette occasion qu'un échange, et tiendraient
lieu d'un impôt plus onéreux et moins juste
qui serait supprimé. On ne peut pas présenter une nouvelle taxe avec plus de chances
de succès. On pourrait, pour ne rien brus-
quer, ne remplacer que 25 centimes cette
année par de nouvelles taxes, et suppléer
l'année d'après, aux autres 25 centimes. On
sentirait promptement les bons effets de ce
système.

L'agriculture se soutiendrait et bientôt se
perfectionnerait. Les propriétaires plus aisés
feraient gagner aux manufactures bien plus
que ne pourraient leur faire perdre les nouveaux droits mis sur leurs produits. Nous
aurions en 1821 de quoi suffire à toutes nos
charges. La caisse d'amortissement, à l'aide
de ses bois et de sa dotation, agirait alors
plus efficacement. En 1830, plus de 100 millions de rente seraient rachetés ; on pourrait
les éteindre alors, et cesser de payer ces intérêts à la caisse d'amortissement. On réduirait
de moitié la dotation de cette caisse ; il y
aurait à cette époque une économie annuelle
de 120 millions, dont on soulagerait en partie
l'impôt foncier, en partie les impositions

indirectes, non pas en supprimant aucune taxe, mais en en diminuant les tarifs. Le gouvernement serait alors prêt à tout événement : qu'il survînt une guerre qui ne fût ni longue ni ruineuse, une simple augmentation du tarif des taxes et même de l'impôt foncier pendant quelques années suffirait à tout. Qu'il survînt de grandes crises, on trouverait facilement tous les emprunts nécessaires ; mais un surcroît léger d'impôts fournirait en même temps les sommes nécessaires tous les ans au paiement des intérêts de l'emprunt et au remboursement graduel de ces emprunts par l'amortissement ; ce qui en assurerait l'extinction après un certain nombre d'années de paix. Un Etat, dans cette situation, ne pourrait jamais périr par les finances (1).

____

(1) L'on m'objectera que ce beau plan n'est qu'un rêve, s'il survient une guerre avant 183o. Dans ce cas, qui, Dieu merci, n'est pas probable, mon plan aura encore un avantage bien plus évident sur l'autre ; car il fournit des ressources, quand ce ne seroit que celle de rétablir pour peu de temps cet impôt désastreux des 5o c. sur les terres, au lieu que si on s'est refusé à établir de nouveaux droits, si par conséquent on a été obligé de maintenir les 5o c., quelles ressources sera-t-il possible de trouver pour cette guerre qu'on suppose? Il serait trop imprévoyant de laisser l'Etat dans cette situation, où une chance de guerre le trouverait sans ressources, tandis qu'on peut s'en préparer d'avance de certaines.

Qu'arriverait - il, au contraire, si on se refuse à cette nécessité des nouvelles taxes? que le moment si attendu de notre entière libération à l'égard des étrangers sera le moment du plus grand embarras du gouvernement ; qu'il ne pourra pas accorder les adoucissemens qu'on a droit d'attendre ; que les terres toujours écrasées languiront, et feront languir par suite toutes les autres branches de l'industrie ; et que le mécontentement sera d'autant plus général, qu'on ne verra plus alors d'espoir d'adoucissement.

Avant de résumer ces idées en peu de mots, je veux aborder une question qui, sans entrer précisément dans mon sujet, ne peut cependant être déplacée dans une brochure sur le budget. J'avoue qu'il m'aurait été impossible de prononcer le mot de budget sans penser aussitôt à signaler l'abus et les dangers d'un système qui commence à s'introduire, système le plus funeste et le plus désastreux qui puisse exister dans un gouvernement représentatif. C'est dans ce moment qu'il importe à notre gouvernement de ne prendre en tous points que de bonnes directions ; tout ce qui se fera dans ces pre-

mières années d'un gouvernement nouveau,
est de la plus haute importance, parce qu'on
y cherchera dans la suite des modèles de ce
qui doit se faire ; parce que c'est là que seront
les *précédens* qui feront loi dorénavant, qui
serviront de base à toutes les décisions, et
qui seront une autorité puissante dans l'avenir. Ces premiers pas ne doivent donc être
faits qu'avec la plu grande réserve et après
les plus mûres réflexions. Il ne s'agit plus
aujourd'hui de ces rebelles assemblées de la
révolution, composées de factieux, dont on
ne pouvait attendre que des exemples de
révolte et de crimes ; il s'agit d'une assemblée
légitime, convoquée par un Roi légitime
d'après des lois légitimement données ; il
s'agit d'une Chambre composée d'honnêtes
gens et de bons royalistes, d'une Chambre
par conséquent dont les actes seront cent fois
plus funestes, que ceux de toute autre, si elle
appuie de son autorité des systèmes dangereux pour l'Etat et pour le pouvoir royal.

Le système que j'attaque ici est celui qui
paraît s'établir, qu'un député peut rejeter le
budget, parce qu'il contient un article qui
ne lui convient pas. Je ne m'amuserai pas à

discuter la question posée de cette manière. Elle ne trouverait pas de défenseurs, et l'on sentirait sur-le-champ que comme il n'y a personne qui dans le détail n'ait voté contre quelqu'un des articles du budget , un budget serait toujours rejeté. Abordons franchement la question : Peut-on rejeter le budget, parce qu'il contient un article qu'on se fait un cas de conscience d'admettre, que la conscience commande impérativement de refuser?

J'établirai d'abord que le refus du budget a toujours été le signal des commotions politiques et des plus grands désastres. C'est le refus du budget par la Chambre des communes qui a conduit Charles Ier à l'échafaud : c'est le refus du budget par le parlement de Paris qui a conduit Louis XVI au même destin : c'est le refus du budget qui a forcé Charles II à se mettre à la solde de Louis XIV, à prendre des mesures désagréables à la nation, et à préparer par là cet esprit de mécontentement qui, peu d'années après, a pour jamais exclu du trône Jacques II et la ligne masculine des Stuarts. On a dit avec raison que la finance était la vie des Etats. Si ce fut toujours vrai, je n'ai pas besoin de prouver combien c'était encore plus vrai à l'époque où l'on votait sur le budget de 1817.

Ce point une fois bien établi, *que le refus du budget peut perdre l'Etat*, y a-t-il une occasion où l'on puisse refuser le budget? Oui sans doute, dira-t-on encore, quand la conscience l'exige. D'abord je ne crois pas que la conscience ordonne jamais de rien faire qui puisse perdre l'Etat. Cela pourrait encore se soutenir, si la conscience ne pouvait jamais s'égarer, si un esprit faux ne pouvait la conduire dans la mauvaise voie, si les passions ne parvenaient jamais à l'aveugler, ou à prendre son masque et à se présenter sous son nom, si l'on était infaillible enfin. Mais lorsqu'on a vu tant d'hommes, avec les meilleures intentions et le plus de lumières, trompés par leur conscience, faire le mal en cherchant le bien, appuyer de tous leurs moyens ce qui devait amener la ruine de tous, donner tout le secours et l'ascendant de leurs vertus à ce qui ne devait produire que des crimes, doit-on jamais se croire assez sûr de son fait et des décisions de sa conscience, pour compromettre la sûreté de l'Etat? Si l'ambition et la haine armèrent beaucoup de bras à la Saint-Barthélemi, n'y eut-il pas aussi des assassins à qui leur conscience persuada qu'il n'y avait rien de plus agréable à Dieu que le massacre des hérétiques ? N'est-ce pas sa conscience qui persuada à Poltrot qu'il serait très-méritoire d'égorger le fléau de sa religion ? Parmi ces presbytériens écossais et ces puritains anglais, n'y en eut-il pas un grand nombre qui obéissaient à leur conscience, en travaillant à détruire la religion de leur pays et la race de leurs rois légitimes ? Parmi cette secte philosophique qui, dans le dernier siècle, s'employait avec tant de zèle à la ruine de la religion, n'y en avait-il pas qui croyaient de bonne foi délivrer le genre humain du bandeau superstitieux qui l'aveuglait, et rendre par là un grand service à l'humanité ? Et lorsque tant d'autres se sont trompés dans tous les siècles, et ont été aussi mal guidés par leur conscience, vous seuls êtes si sûrs de ne jamais errer et de mieux voir que tout le monde, que vous sacrifierez tout à cette bonne opinion de vous-mêmes, et que vous aimez mieux perdre l'État ou du moins hasarder son repos, que de soupçonner que vous pouvez vous tromper. Mais tant d'autres, comme vous gens de bien, comme vous bons royalistes, comme vous amis de la religion, consentent à ce point, sans y voir leur conscience intéressée ; mais des prélats respectables et très-éclairés y donnent leur assentiment ; mais il est proposé au nom d'un prince rempli de piété et de lumières, dont la conscience n'est pas alarmée. N'importe : tout le monde se trompe. Périssent les colonies plutôt qu'un principe ! disait-on en 1792. Périsse l'Etat plutôt qu'un principe, dit-on aujourd'hui. Mais parmi ceux qui pensent ainsi, parmi ceux à qui on doit les quatre-vingt-huit boules noires contre le budget, n'y en aurait-il pas quelqu'un qui, à une des époques de la révolution, se soit trompé sur le parti qu'il a embrassé, qui particulièrement, en 1789, se soit laissé séduire par les brillantes théories qui avaient tant de vogue alors. S'il y en a un (et je déclare que ma pensée n'en présente aucun en particulier devant mes yeux ; mais il y en a sans doute plusieurs) ; s'il y en a un, je lui dirai : Dans le temps où vous défendiez les idées de liberté, où vous renversiez nos anciennes constitutions, où vous ne reconnaissiez plus les ordres de votre Roi, ne vous sentiez - vous pas aussi honnête homme qu'aujourd'hui ? Ne sentiez-vous pas que vous n'aviez en vue que le bien de votre pays ? Ne sentiez - vous pas que vous obéissiez scrupuleusement à votre conscience. Hé bien, le résultat des efforts que vous avez faits pour ce parti, a été le bouleversement de l'Etat, l'anéantissement de la religion, l'assassinat du plus vertueux des princes, la mort ou la ruine des honnêtes gens, le triomphe des scélérats. Quelle leçon pour vous apprendre à vous défier de vous-même ! Vous me direz : Je suis honnête homme. — Mais vous l'étiez alors. — Mes intentions sont pures et désintéressées. — Mais elles l'étaient alors. — Je ne veux que le bien de mon pays. — Mais vous ne vouliez pas autre chose alors. — J'obéis à ma conscience. — Mais vous y obéissiez alors. Depuis cette fâcheuse épreuve de la fragilité humaine, à peine exempt de remords, quoiqu'appuyé sur votre conscience, sans doute vous n'adoptez une opinion qu'en tremblant; vous hésitez et n'osez rien affirmer, vous pesez sans cesse le pour et le contre; vous ne vous décidez qu'après les plus longues et les plus profondes réflexions; vous ne regardez encore cette opinion que comme probable ; vous n'osez pas la défendre avec cette fougue qui vous égara jadis ; vous n'êtes jamais sûr de rien , et à plus forte raison vous n'êtes jamais assez sûr de votre opinion , pour lui sacrifier l'Etat ; vous n'avez que trop appris à vous défier de votre conscience , surtout quand elle vous propose un parti qui ne peut manquer de compromettre le salut de votre pays.

Voilà ce que je dirai à celui qui a fait sur lui-même l'épreuve des erreurs de l'esprit humain. Quant aux autres qui, comme moi, plutôt heureux que sages, n'ont point été entraînés durant la révolution à soutenir de mauvaises causes, le spectacle de leurs voisins doit être pour eux une leçon suffisante. Ce n'est pas dans le siècle où nous vivons qu'ils manqueront d'exemples de gens qui se sont trompés. Je ne leur citerai que l'un des plus respectables et des plus éclairés des hommes, qui déclare, avec une si noble franchise, que ses vertus ni ses talens n'ont pu le mettre à l'abri de l'erreur. On lit dans une lettre de M. de Malesherbes : *M. Turgot et moi nous étions de fort honnêtes gens , très-instruits , passionnés pour le bien.... sans le vouloir ni le prévoir*, nous avons contribué *à la révolution*. Quel homme, après cela, aura assez d'amour propre pour se croire incapable d'erreur ?

Au reste, il a été question souvent de conscience dans cette occasion. Je ne puis concevoir comment elle pouvait y être intéressée. Voter sur le budget en général, c'est dire simplement : Le Roi aura à sa disposition les fonds nécessaires pour que l'Etat puisse marcher, puisse exister. Voter sur les divers articles, c'est dire : Il aura les fonds, de telle ou telle manière, pour tel ou tel emploi. Quand un article a blessé la conscience de quelques - uns, ils ont pu, ils ont dû même (car c'est le devoir d'un député de défendre l'opinion qu'il croit la meilleure), ils ont dû attaquer cet article de toutes leurs forces, réunir contre lui tous leurs moyens. Ils l'ont fait, et dès lors leur conscience est satisfaite. Ils ont fait tout ce qu'ils devaient faire. Mais rejeter à cause de cet article le budget en entier, c'est établir un système désastreux, et qui finirait par perdre l'Etat, et rendre impossible tout budget, s'il était adopté. Sur un budget de cent cinquante-trois articles, qu'un tiers des députés soit décidé à ne pas admettre un seul article, qu'un second tiers soit prononcé contre un autre article, il n'y a plus de possibilité d'avoir un budget, et l'État deviendra ce qu'il pourra.

Je le demande : le public pourra-t-il reprocher à un homme, cet homme pourra-t-il se reprocher à lui-même d'avoir, en votant pour le budget, approuvé tel article du budget, lorsqu'il est de notoriété publique qu'il a voté contre ce même article, et qu'il l'a attaqué de toutes ses forces? Si voter pour l'ensemble du budget était donner son assentiment à chaque article en particulier, il n'y a pas de député, pas de pair qu'on ne pût accuser d'une versatilité déshonorante, puisqu'il approuverait un jour ce qu'il aurait condamné la veille : car il n'y en a pas un qui n'ait condamné quelque article. Le fait est que je défie aucune personne de bonne foi, de condamner le député qui dirait : Je vote le budget, parce qu'il faut un budget : tel article est irréligieux, injuste, consacre le vol, etc. etc. Ce n'est pas ma faute s'il est là ; je l'ai combattu ; j'ai suivi mon opinion et satisfait ma conscience en mettant

une boule noire contre cet article; la majorité
l'a voulu. j'en remets l'odieux sur leur conscience ; j'y ai fait ce que j'ai pu; mon devoir
à présent est de voter le budget, puisque
sans budget il n'y a pas de France.

Au reste, ce n'est pas moi qui prononcerai
la condamnation des boules noires. Je vais
appeler à mon secours un homme aussi re-
commandable par son caractère que par ses
talens , et que mes adversaires ne récuseront
peut-être pas. M. de Bonald disait dans son
discours sur le budget de 1816 : « Qu'on
» prenne garde que je n'étends pas le droit
» de consentir l'impôt, quoique textuelle-
» ment exprimé dans la Charte, jusqu'au
» droit de le refuser. Une assemblée publique
» *n'a pas plus le droit de refuser l'impôt*
» *jugé nécessaire par le Roi , qu'un homme*
» *n'a le droit de se détruire lui-même de ses*
» *propres mains.* Jamais assemblée politique
» n'a refusé l'impôt, sans commencer une
» révolution (1). »

M. de Bonald, que j'aime à citer, dit aussi
dans un ouvrage publié cette année : « On

---

(1) *Moniteur* du 22 mars 1816.

» est assuré de la droiture de ses sentimens
» plus que de la justesse de ses pensées. Mal-
» heureusement, il y a beaucoup de per-
» sonnes qui se croient l'esprit juste, parce
» qu'elles ont le cœur droit. *Ce sont celles*
» *qui font le mieux le mal, parce qu'elles le*
» *font avec sûreté de conscience.* »

L'on voit donc qu'on peut faire le mal en conscience, et qu'il faut y prendre bien garde. Mais je prévois l'objection de mes adversaires, et je suis sûr qu'ils ont déjà voulu m'interrompre vingt fois pour me la faire.

« Vous parlez, disent-ils, *de faire le mal;*
» vous nous avez montré dans vos vaines dé-
» clamations l'Etat penchant vers sa ruine et
» sur le point de nous écraser en tombant;
» vous avez représenté nos boules noires
» comme autant de bombes prêtes à briser
» en mille pièces la machine du gouverne-
» ment, et à mettre le feu à l'édifice. Heureu-
» sement qu'il n'est rien de tout cela, et que
» nous n'aurons pas plus de peine à dissiper
» ces fantômes, que vous n'en avez eu à les
» faire sortir de votre cerveau, tout armés
» de foudres destructeurs. En votant contre
» le budget, nous savions bien que nous

» n'aurions pas la majorité, et qu'en consé-
» quence nous ne courions pas cette terrible
» chance du refus du budget. Mais en sup-
» posant même que nous l'eussions emporté,
» la France n'aurait pas pour cela péri de
» mort subite. On aurait simplement ôté du
» budget l'article qui nous choquait, et le
» budget aurait fait son chemin sans obs-
» tacle. »

C'était bien là ce que disaient ces messieurs ; mais la chose n'était pas tout-à-fait si
simple qu'il leur convient de le croire : et si
la composition de la Chambre avait été telle
qu'ils la supposaient, mes appréhensions ne
se seraient trouvées ni dénuées de fondement
ni exagérées. Je leur ai toujours entendu
dire qu'il y avait dans la Chambre environ
vingt-cinq membres partisans de ces gouver-
nemens enfans de la révolution, que nous
avons subis trop long-temps, et par conséquent ennemis du gouvernement actuel. Si
le fait s'était trouvé tel qu'ils le croyaient,
il était probable que ces vingt-cinq ennemis
de la légitimité saisiraient l'occasion la plus
facile et la plus sûre de frapper au cœur le
gouvernement, et qu'ils voteraient contre le

budget. Les quatre-vingt-huit, avec ces troupes auxiliaires, faisaient donc rejeter le budget. On le représentait ensuite avec le changement qu'ils réclamaient : mais pourquoi se persuader que le côté opposé fût composé d'hommes sans passions, qui ne tendraient pas aussi à faire triompher leur opinion, et qui en feraient volontiers le sacrifice ? pourquoi, de ce côté, l'esprit de parti et l'ardeur de l'emporter auraient-ils été moins ingénieux à se couvrir aussi des livrées de la conscience, et n'auraient-ils pas réussi à se persuader (à tort ou à raison) qu'un tel article allait présenter à tous les esprits la restitution des biens du clergé, alarmer tous les intérêts de ce genre, et tout bouleverser ; qu'en outre un tel triomphe élèverait au ministère le parti contraire ; qu'on allait voir les haines renouvelées, les factions de nouveau déchaînées, la guerre civile allumée, et des officieux saisissant ce prétexte pour se mêler encore de nos affaires (car que n'invente pas l'imagination quand elle est chargée de justifier les passions?) En voilà plus qu'il n'en faut pour leur persuader aussi que *leur conscience* ne leur permet pas de consentir à cet article, et que ce serait voter la ruine de leur patrie. Par conséquent ils auraient à leur tour mis des boules noires , qui jointes aux vingt-cinq mécontens toujours décidés à nuire, auraient encore fait rejeter le budjet ; ce qui nous eût mis dans une position bien commode ; ce qui aurait facilité le calme intérieur, les relations étrangéres et les emprunts. Et qu'on ne prenne pas cette supposition pour un simple jeu d'esprit. Si (comme le disait l'opposition, et comme c'était très-possible, après tant d'années de factions et de désordres) il y avait eu seulement dans la Chambre vingt-cinq députés animés du désir de renverser le gouvernement, les choses devaient immanquablement arriver comme je viens de le dire.

Je conclurai de cette discussion, que la conscience ne peut jamais vous ordonner une chose qui peut être fatale à l'Etat ; que si la conscience vous conseille une chose semblable, elle se trompe et vous trompe, et que c'est une erreur de votre esprit : que dorénavant l'on fera fort bien de s'armer de toutes pièces, lors de la discussion des articles, contre tout ce qu'on n'approuve pas dans un budget ; mais qu'on ne devra, sous aucun prétexte, mettre de boules noires contre le budget, parce que ce serait risquer de sacrifier l'Etat à son entêtement dans son opinion. Car à tout gouvernement il faut un budget, sous peine de mort.

J'en viens au résumé de cet écrit. Je crois avoir établi :

Que l'impôt foncier est le plus injuste, parce qu'il est le plus inégalement réparti, en raison des fortunes ; que quand il est trop fort, il est désastreux pour le présent, en ce qu'il écrase le propriétaire et fait languir par là tous les genres d'industrie manufacturière, à qui l'aisance des propriétaires ouvrirait les débouchés les plus sûrs et les plus nombreux ; il est désastreux pour l'avenir, en ce qu'il ravit les moyens d'exploitation et de perfectionnement, en ce qu'il appauvrit les terres dépourvues de bestiaux et d'engrais, et qu'il détruit ainsi d'avance les produits qui auraient fait un jour la richesse de l'Etat ;

Que l'impôt indirect est le plus juste de tous, parce qu'il atteint tous les citoyens ; le plus égal, parce qu'en général, il se répartit naturellement en proportion des fortunes, le plus avantageux à l'Etat, puisque les étran-

gers même qui habitent le pays en payent
leur part ;

Qu'en conséquence, il y a toujours un
grand avantage à établir de nouveaux impôts
indirects pour alléger l'impôt foncier, et que
cette opinion a pour elle l'autorité et l'expérience des peuples qui ont le mieux entendu
le système des impôts ;

Que, puisqu'il serait *utile* de diminuer
l'impôt foncier pris dans son état ordinaire,
il est *nécessaire* de le décharger des 50 centimes extraordinaires qu'on y a ajoutés, et
que d'ailleurs les 50 centimes n'ont jamais
été considérés que comme une charge
temporaire qui devait s'éteindre à la paix,
ou, au plus tard, après le payement du
subside ;

Que cependant, à cette époque, la somme
des dépenses ordinaires ne pourra être cou-
verte par la somme des recettes ordinaires
que si on conserve ces 50 centimes, ou si
on y supplée par d'autres ressources ;

Que ces ressources ne pouvant être trouvées dans un emprunt, puisque c'est précisément là le moment réservé pour payer ses

dettes, et non pas pour en faire de nouvelles;
il sera nécessaire d'en venir à établir des
taxes sur divers objets;

Que créer de nouvelles taxes au moment
où l'on s'attend à de grands adoucissemens
est impolitique et même impossible; au lieu
qu'en les créant dès aujourd'hui, on a le
double avantage de les imposer dans un
temps où chacun en sent bien la nécessité, et
de rendre quelques années plus tôt au propriétaire une aisance qui doublera les produits de l'agriculture, et rendra la prospérité
à tous les autres genres d'industrie;

Qu'il serait donc très-utile de remplacer,
dès cette année, 25 des centimes extraordinaires par de nouvelles taxes indirectes,
et d'en faire autant l'année suivante;

Qu'un système d'impôts ainsi combiné
mettrait pour jamais les finances françaises à
l'abri de toute inquiétude; qu'il leur assurerait les moyens de diminuer le tarif des impôts de 100 on 120 millions en 1830, et
qu'il nous tiendrait toutes prêtes les ressources
(quelque considérables qu'elles fissent)
qu'exigeraient des occasions imprévues, ou
plutôt des circonstances qu'il faut toujours

prévoir de loin à loin, et même à des époques souvent trop rapprochées.

Je dirai aussi comme résumé des digressions politiques où m'a conduit mon sujet :

Qu'un système trop complet d'économie ôte au Roi ces moyens d'influence qui lui sont si nécessaires dans un gouvernement représentatif ;

Qu'une opposition composée de vrais amis du Roi et de leur pays, doit, par principe et par calcul, appuyer toutes les propositions du gouvernement qui tendent à affermir et étendre le pouvoir royal, pourvu qu'il ne dépasse pas les bornes qu'il s'est lui-même fixées ;

Qu'il est aussi impolitique de leur part qu'inconséquent, de contribuer à dépouiller le ministère de tout moyen d'influence, parce que c'est ôter au Roi, comme à ses successeurs, la possibilité de changer de système, et s'ôter à eux-mêmes les chances d'en profiter ;

Qu'il sera au contraire plus noble de leur part, plus d'accord avec leurs principes connus, et mieux calculé dans leur intérêt, de se réunir franchement au ministère, pour combattre ensemble ces libéraux qui recommencent les vaines théories de 1789, comme s'il ne s'était rien passé depuis, à qui la révolution n'a rien appris, et qui, dans leur adoration fanatique pour quelques mots abstraits, sont toujours prêts à immoler à cette ridicule idole les hommes et les choses, les rois, les peuples et les institutions;

Qu'enfin l'on peut se battre à outrance contre tout article du budget pris séparément, mais qu'on ne doit jamais voter contre la totalité du budget, parce que le rejet du budget est un signe de révolution, parce que, ne fût-il pas rejeté, c'est toujours un grand mal de lui ôter cette unanimité qui seule en prouve bien aux peuples l'indispensable nécessité, et les engage à se résigner aux charges pesantes qu'on leur impose; qu'il ne faut pas mettre en avant sa conscience, attendu qu'on peut souvent se tromper sur ce qu'on nomme ainsi; qu'il ne faut jamais croire cette conscience, qui a égaré tant d'hommes (et les meilleurs et les plus éclairés), lorsqu'elle propose un acte qui peut troubler son pays, un acte évidemment dangereux, et dont l'exemple peut être si

fatal à nos rois, et donner des armes si ter-
ribles à leurs ennemis ; attendu qu'il est toujours plus sûr de ne jamais faire le mal, que
de faire le mal pour le bien ; attendu que
les passions sont de si ingénieux avocats,
qu'elles parviendraient trop souvent à persuader aux plus honnêtes gens que l'amour-
propre est la conscience, que l'entêtement
est la conscience, que l'esprit de parti est
la conscience.

Je termine ici ces lignes : je n'ai point
cherché les idées neuves, je n'ai point cherché les beautés de style (et l'on s'en est bien
aperçu) ; j'ai cherché à dire des choses posi-
tives, exactes et utiles : si j'étais parvenu à
répandre les principes que j'ai tâché d'établir
ici, si j'avais pu en convaincre tous les
esprits, si j'avais eu le don de persuader les
hommes qui, avec d'excellentes intentions,
se trompent quelquefois sur les moyens
d'arriver au but qu'ils se proposent, je croi-
rais avoir rendu un très-grand service à mes
princes et à mon pays. Mais quel que soit
le résultat de mes efforts, je puis me rendre
la justice que je n'ai pas eu d'autre but.